30 Novembre 1907

marqué PN

Collection THIÉBAULT-SISSON

SCULPTURES

DU

MOYEN AGE ET DE LA RENAISSANCE

PARIS — 1907

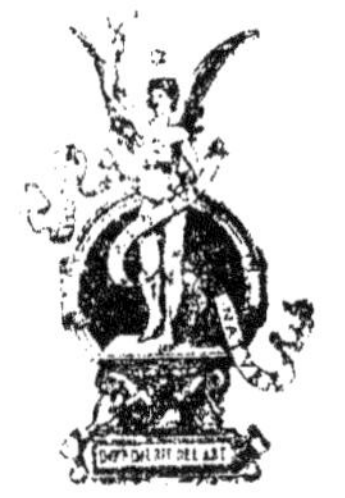

CATALOGUE

DES

SCULPTURES

DU

MOYEN AGE ET DE LA RENAISSANCE

BOIS, PIERRES, MARBRES

OBJETS VARIÉS

Composant

La Collection THIÉBAULT-SISSON

ET DONT LA VENTE AURA LIEU, A PARIS

HOTEL DROUOT, SALLE N° 6

Le Samedi 30 Novembre 1907, à deux heures

COMMISSAIRES-PRISEURS

Mᵉ LAIR-DUBREUIL	**Mᵉ HENRI BERNIER**
6, rue Favart	Administrateur de l'étude de feu Mᵉ P. CHEVALLIER
PARIS	10, rue Grange-Batelière

EXPERTS

MM. MANNHEIM, 7, rue Saint-Georges

EXPOSITION PUBLIQUE

Le Vendredi 29 Novembre 1907, de 1 h. 1/2 à 5 h. 1/2

CONDITIONS DE LA VENTE

Elle sera faite au comptant.

Les adjudicataires paieront *dix pour cent* en sus des enchères.

L'exposition mettant le public à même de se rendre compte de l'état et de la nature des objets, aucune réclamation ne sera admise une fois l'adjudication prononcée.

Paris. — Imprimerie Ch. Berger et Cie, 41, rue de la Victoire

Désignation

BOIS SCULPTÉS

1 — Groupe-applique en bois sculpté, peint et doré : la Vierge assise portant l'Enfant Jésus. Époque romane.

2 — Groupe en bois sculpté : la Vierge assise portant l'Enfant Jésus qui tient un phylactère. France, XIVe siècle.

3 — Groupe en bois sculpté et peint : la Vierge debout, portant l'Enfant Jésus à qui elle tend un fruit. Fin du XIVe siècle.

4 — Statuette-applique en bois : Évêque crossé et mitré, tenant un livre ouvert appuyé sur la poitrine. France, XVe siècle.

5 — Statuette en bois sculpté : un Ange de l'Annonciation. XVe siècle.

6 — Bas-relief en bois sculpté : deux Apôtres lisant. XVe siècle.

7 — Bas-relief en bois sculpté : la Vierge assise, les mains jointes, l'Enfant Jésus couché sur ses genoux. France, XVe siècle.

8 — Pieta en bois sculpté. France, XVe siècle.

9 — Haut-relief en bois sculpté, représentant l'Ascension. Flandres, xve siècle. La scène est disposée sous une arcade moderne.

10 — Statuette en bois sculpté et peint : Saint Jean. France, xve siècle.

11 — Fragment de rétable : le Mauvais larron au pied de la croix. France, xve siècle.

12 — Statuette en bois sculpté : Saint Michel terrassant le Démon. France, xve siècle.

13 — Groupe-applique en bois sculpté : Sainte Anne assise portant sur les genoux la Vierge et l'Enfant Jésus. Flandres, xve siècle.

14 — Statuette en bois sculpté : Prophète debout. Flandres, xve siècle.

15 — Bas-relief en bois sculpté : les Gardes au tombeau du Christ. xve siècle.

16 — Bas-relief en bois sculpté, peint et doré, présentant trois personnages. xve siècle.

17 — Statuette en bois sculpté, peint et doré : le Christ bénissant. Allemagne, xve siècle.

18 — Groupe en bois sculpté : l'Evanouissement de la Vierge, provenant d'un rétable. xve siècle.

19 — Deux statuettes-appliques en bois sculpté : la Vierge et Saint Jean, provenant d'un calvaire. Allemagne, xve siècle.

20 — Statuette-applique en bois sculpté et peint : Apôtre debout. xve siècle.

21 — Statue en bois sculpté et peint : Evêque debout. Ecole d'Ulm. xve siècle.

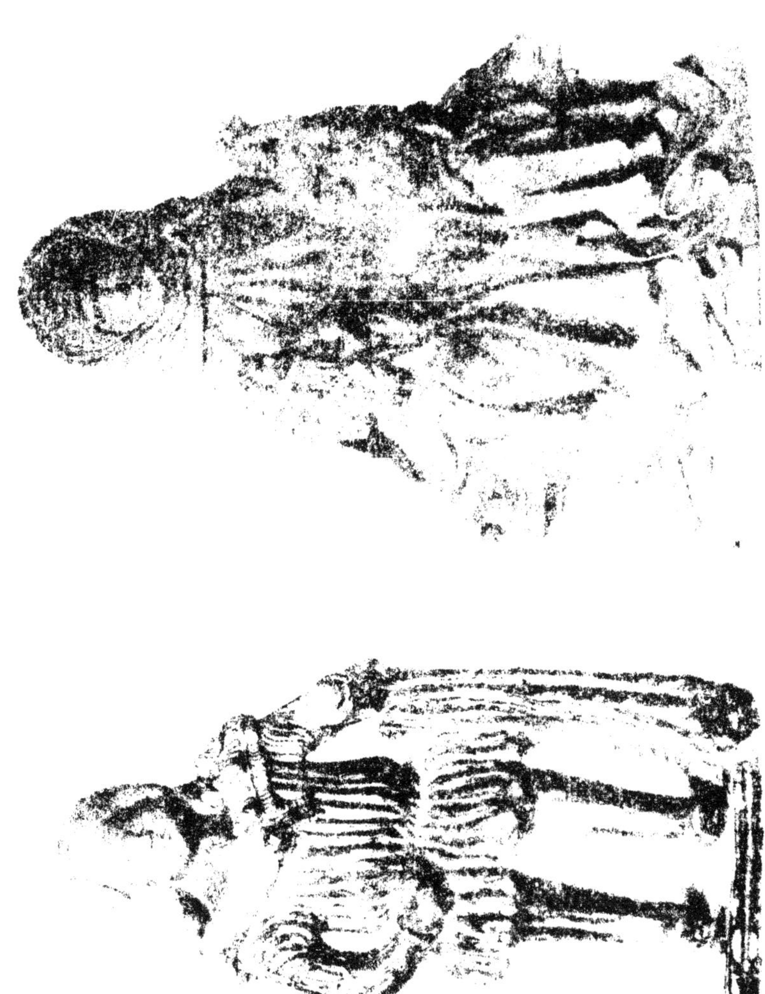

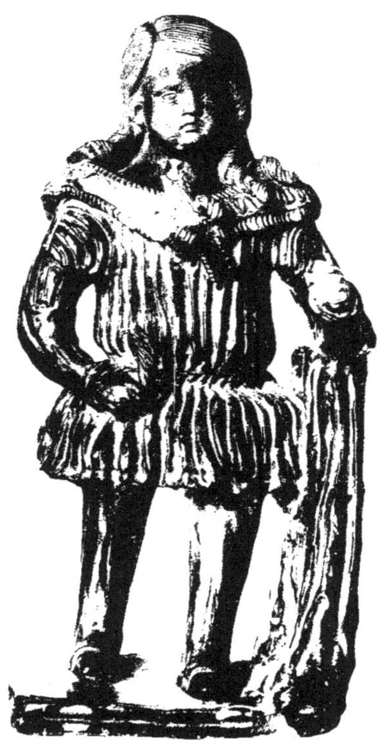

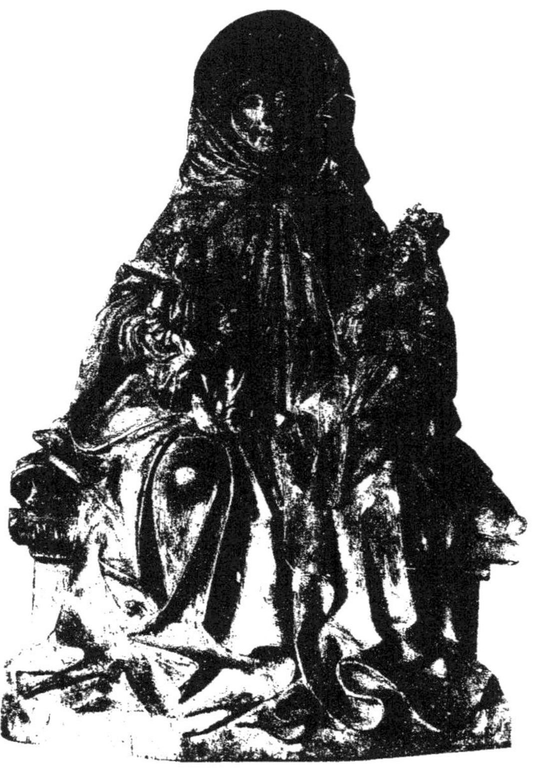

Phototypie Berthaud Paris

22 — STATUETTE en bois sculpté, peint et doré : Diacre debout tenant un livre. Flandres, XVe siècle.

23 — STATUE en bois sculpté : la Vierge debout, provenant d'un calvaire. XVe siècle.

24 — BAS-RELIEF en bois sculpté, représentant la Vierge soutenue par saint Jean, d'autres saintes femmes et un donateur. France, XVe siècle.

25 — BAS-RELIEF en bois sculpté : Guerriers, ayant fait partie d'un calvaire. Fin du XVe siècle.

26 — BAS-RELIEF en bois sculpté : la Résurrection. Fin du XVe siècle.

27 — BAS-RELIEF en bois sculpté : la Descente de croix. Fin du XVe siècle.

28 — BAS-RELIEF en bois sculpté : le Christ à la colonne. Fin du XVe siècle.

29 — DEUX STATUETTES-APPLIQUES en bois sculpté, peint et doré : la Vierge et saint Jean. Fin du XVe siècle.

30 — STATUETTE-APPLIQUE en bois sculpté : Evêque bénissant. Fin du XVe siècle.

31 — STATUETTE-APPLIQUE en bois sculpté : Sainte Femme debout. Fin du XVe siècle.

32 — STATUETTE en bois sculpté : Sainte Catherine debout. France, fin du XVe siècle.

33 — BAS-RELIEF en bois sculpté : l'Arbre de Jessé. Fin du XVe siècle.

34 — PETIT GROUPE-APPLIQUE : la Vierge debout portant l'Enfant Jésus. France, fin du XVe siècle.

35 — PETIT BUSTE du Christ mort, en bois peint. France, fin du XVe siècle.

36 — GROUPE-APPLIQUE en bois sculpté, peint et doré : la Vierge assise tenant l'Enfant Jésus. Allemagne, école de Rimenschneider. Fin du XVe siècle.

37 — TÊTE en bois sculpté : Saint Jean. Fin du XVe siècle.

38 — STATUETTE en bois sculpté et peint : la Vierge, les mains jointes, provenant d'un calvaire. Fin du XVe siècle.

39 — STATUETTE en bois sculpté : Saint André debout. Fin du XVe siècle.

40 — STATUETTE en bois sculpté et peint : Saint Pierre debout tenant un livre. Fin du XVe siècle.

41 — STATUETTE en bois sculpté et peint : Évêque debout tenant un livre ouvert. Fin du XVe siècle.

42 — GROUPE-APPLIQUE en bois sculpté : la Vierge debout portant l'Enfant Jésus. Normandie, fin du XVe siècle.

43 — BAS-RELIEF en trois parties : le Christ au milieu des apôtres. Allemagne, commencement du XVIe siècle.

44 — GROUPE-APPLIQUE en bois sculpté : la Vierge debout portant l'Enfant Jésus. Normandie, commencement du XVIe siècle.

45 — PETIT BAS-RELIEF en bois sculpté, peint et doré : Saint Côme et saint Damien ; au-dessus d'eux, le Père Éternel entre deux anges dans une gloire. XVIe siècle.

46 — BAS-RELIEF en bois sculpté, peint et doré : Saint Jean écrivant son évangile sous l'inspiration d'un ange. Espagne, XVIe siècle.

47 — BAS-RELIEF en bois sculpté, peint et doré : la Vierge debout tenant l'Enfant Jésus. XVIe siècle.

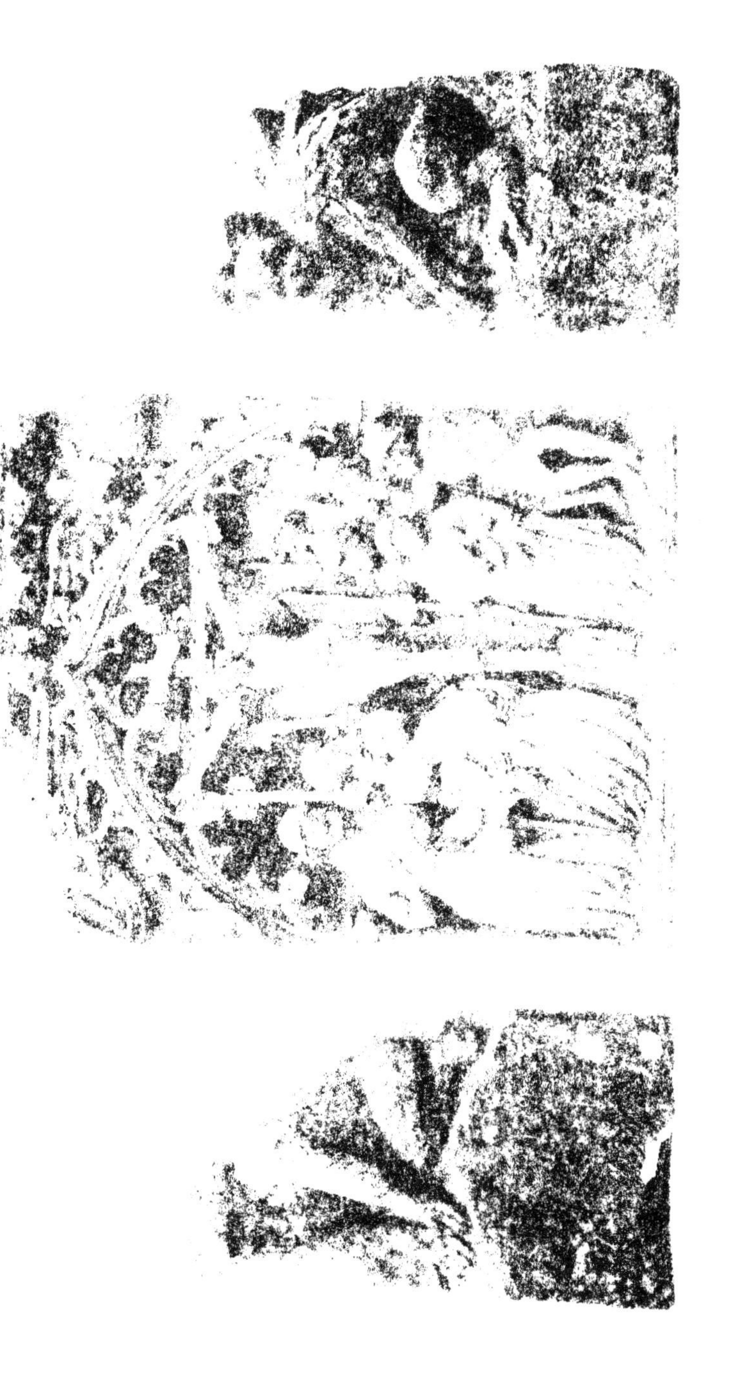

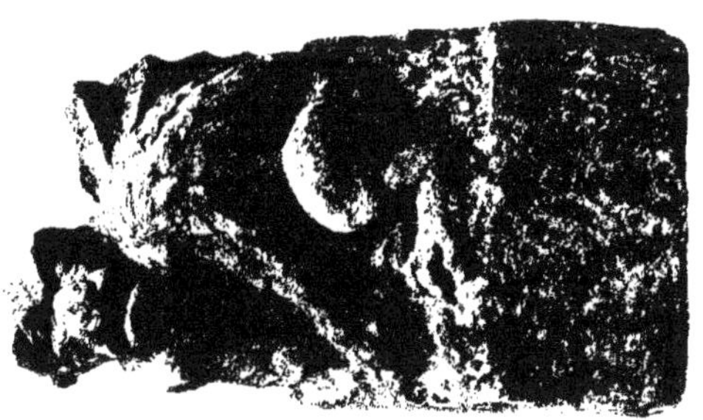

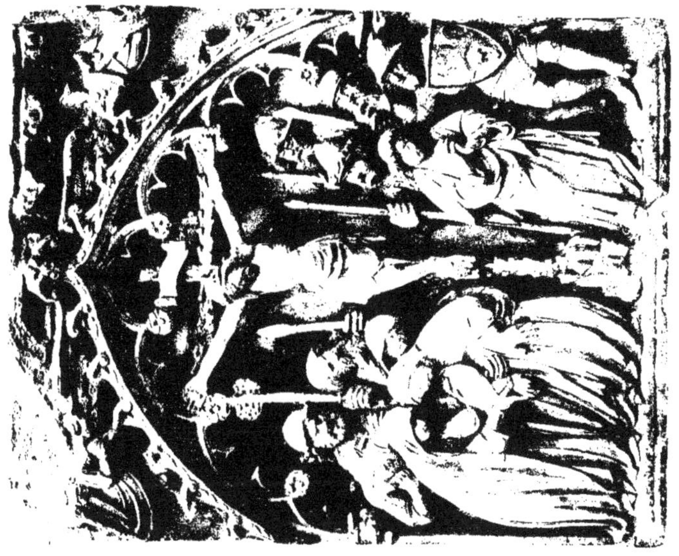

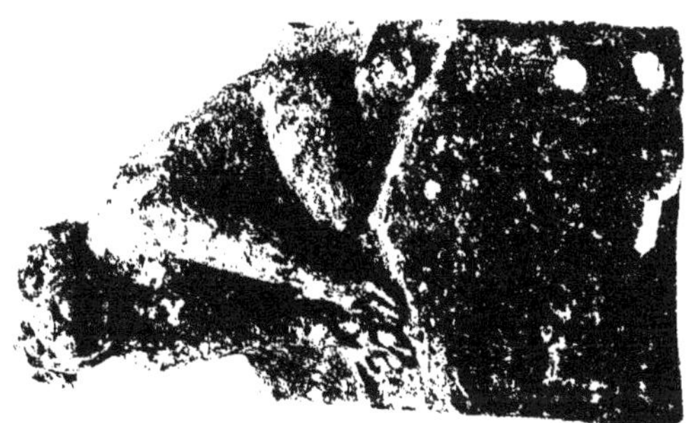

48 — STATUETTE en bois sculpté : la Vierge debout, les bras croisés, XVIe siècle.

49 — BAS-RELIEF en bois sculpté et peint : la Messe, XVIe siècle.

50 — BAS-RELIEF en bois sculpté, peint et doré : Saint Nicolas, XVIe siècle.

51 — DEUX BAS-RELIEFS en bois peint et doré : Saint Pierre et saint Paul assis, XVIe siècle.

52 — STATUETTE de sainte Madeleine debout, en bois sculpté, France, XVIe siècle.

53 — TÊTE en bois sculpté et peint gris. Personnage barbu, XVIe siècle.

54 — STATUETTE de saint Dominique, en bois peint, Espagne, XVIe siècle.

55 — TÊTE en bois peint : Saint Joseph d'Arimathie, Espagne, XVIe siècle.

56 — TÊTE de moine, petite nature, en bois peint, Espagne, XVIe siècle.

57 — HAUT-RELIEF en bois sculpté et doré : la Messe de saint Grégoire, XVIe siècle.

58 — BAS-RELIEF en bois sculpté, peint et doré : la Fuite en Egypte, Espagne, XVIe siècle.

59 — BAS-RELIEF en bois sculpté, peint et doré : Moine quêteur accompagné d'un âne ; disposé sous une arcade crénelée, Espagne, XVIe siècle.

60 — SUPPORT en bois sculpté et peint, à décor de feuillages et arabesques, XVIe siècle.

61 — STATUETTE en bois sculpté et peint : la Vierge debout, provenant d'un calvaire, XVIe siècle.

62 — GROUPE en bois sculpté, peint et doré : la Vierge debout portant l'Enfant Jésus qui lui tient le sein gauche. Espagne, XVIe siècle.

63 — PETIT BUSTE de saint Dominique, en bois peint. Espagne, XVIe siècle.

64 — BUSTE, grandeur nature, en bois sculpté et peint : Sainte Femme, les cheveux défaits. Espagne, XVIe siècle.

65 — GROUPE-APPLIQUE en bois sculpté et peint : Sainte Anne, la Vierge et l'Enfant Jésus. XVIe siècle.

66 — STATUETTE d'évêque debout en bois sculpté. XVIe siècle.

67 — BAS-RELIEF en bois sculpté et peint : Sainte Madeleine debout sous une arcade. Espagne, XVIe siècle.

68 — STATUETTE en bois sculpté, peint et doré : Sainte Marguerite debout. France, XVIe siècle.

69 — PETIT BAS-RELIEF : la Vierge tenant l'Enfant Jésus et debout sous une arcade. Espagne, XVIe siècle.

70 — BAS-RELIEF en bois sculpté, peint et doré : le Christ de douleur. Espagne, XVIe siècle.

71 — PETIT BAS-RELIEF sans fond : la Crèche. XVIe siècle.

72 — FIGURINE en bois sculpté, peint et doré : Sainte Femme debout, les mains jointes. XVIe siècle.

73 — BAS-RELIEF en bois sculpté : Saint Antoine debout, tenté par le Démon. Espagne, école de Berruguete. XVIe siècle.

74 — STATUETTE de pape debout, en bois sculpté, peint et doré. Flandres, XVIe siècle.

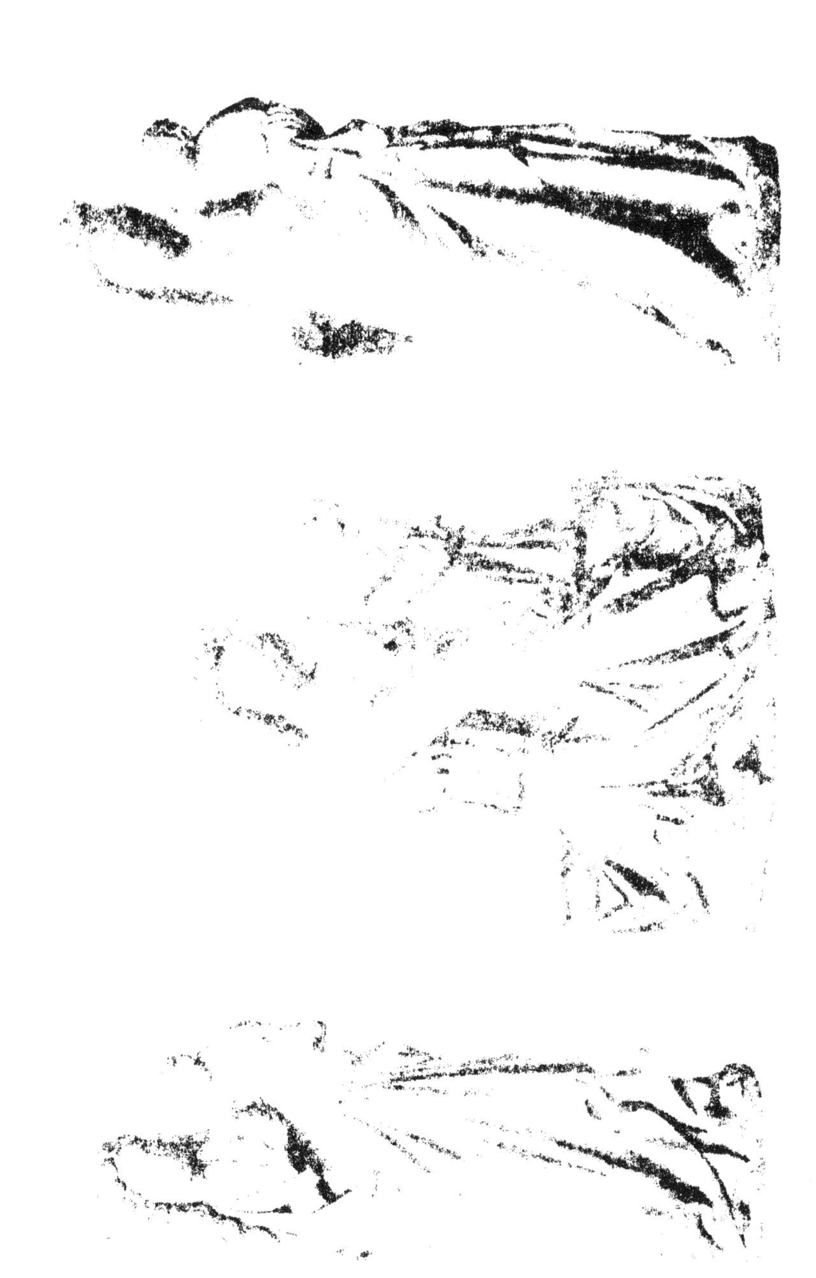

11

11

56

25

150

40

125

60

280

310

380

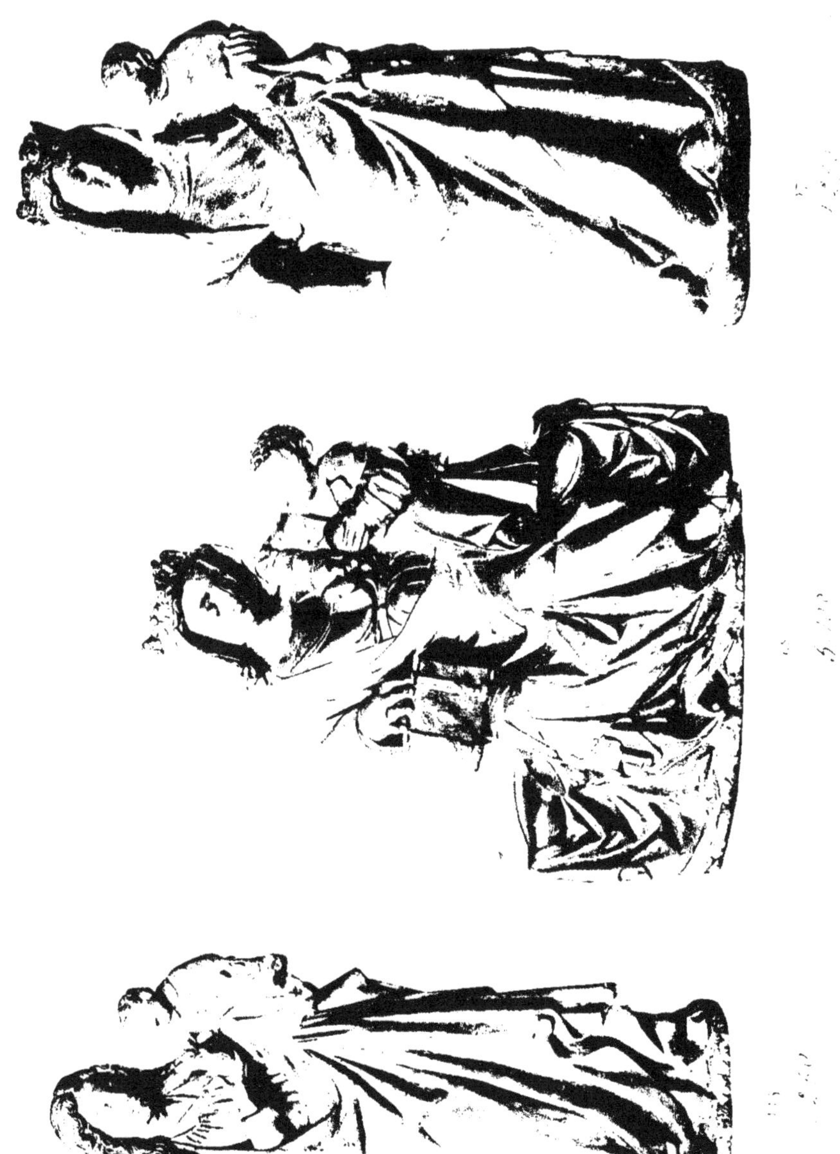

75 — Deux statuettes en bois sculpté : la Vierge et saint Jean. xvie siècle.

76 — Statuette en bois sculpté, peint et doré : Saint Personnage debout, dans l'attitude de la conversation. Allemagne, xvie siècle.

77 — Buste de saint Jean-Baptiste en bois sculpté et peint. Espagne, xvie siècle.

78 — Statuette en bois sculpté : Personnage agenouillé. xvie siècle.

79 — Statuette en bois sculpté et peint : Sainte Femme en prières. Espagne, xvie siècle.

80 — Petit groupe en bois sculpté : la Vierge portant l'Enfant Jésus qui tient une colombe. xvie siècle.

81 — Groupe en bois sculpté et peint : la Vierge debout portant l'Enfant Jésus. Espagne, xvie siècle.

82 — Deux statuettes en bois sculpté, peint et doré : la Vierge et saint Jean, provenant d'un calvaire. Espagne, xvie siècle.

83 — Bas-relief en bois peint et doré : la Visitation. xvie siècle.

84 — Buste de Christ, grandeur nature, en bois sculpté et peint.

85 — Bas-relief en bois sculpté, représentant la consécration d'un évêque.

86 — Support en bois peint et doré, en forme de colonnette cannelée.

87 — Christ en croix, grandeur petite nature, accompagné de deux anges en adoration. France, époque Louis XIII.

PIERRES, MARBRES, TERRES CUITES

88 — Chapiteau en pierre sculptée : Animaux. XIIe siècle.

89 — Statue-applique en pierre sculptée : Saint Pierre debout tenant un livre. Ile de France. XIIe siècle.

Haut., 1 m. 65 cent.

90 — Deux chapiteaux, deux corbeaux et plusieurs fragments de colonnettes en pierre sculptée, provenant d'une cheminée. Les chapiteaux sont ornés de feuillages et les corbeaux de têtes humaines. France, XIIe siècle.

91 — Statuette en pierre sculptée : Sainte Madeleine, vêtue d'une ample draperie, agenouillée, les mains jointes, la tête levée. Provenant d'un calvaire. XIIIe siècle.

Haut., 63 cent.

92 — Tête d'animal chimérique en pierre sculptée. France. XIVe siècle.

93 — Groupe en pierre peinte en gris : la Vierge debout portant l'Enfant Jésus. France. XIVe siècle.

94 — Trois corbeaux en pierre sculptée : Personnage et animaux chimériques. France. XIVe siècle.

95 — Deux têtes en pierre sculptée : le Christ et la Vierge. France. XIVe siècle.

96 — Haut relief en pierre sculptée : le Baiser de Judas. Ile de France. XIVe siècle.

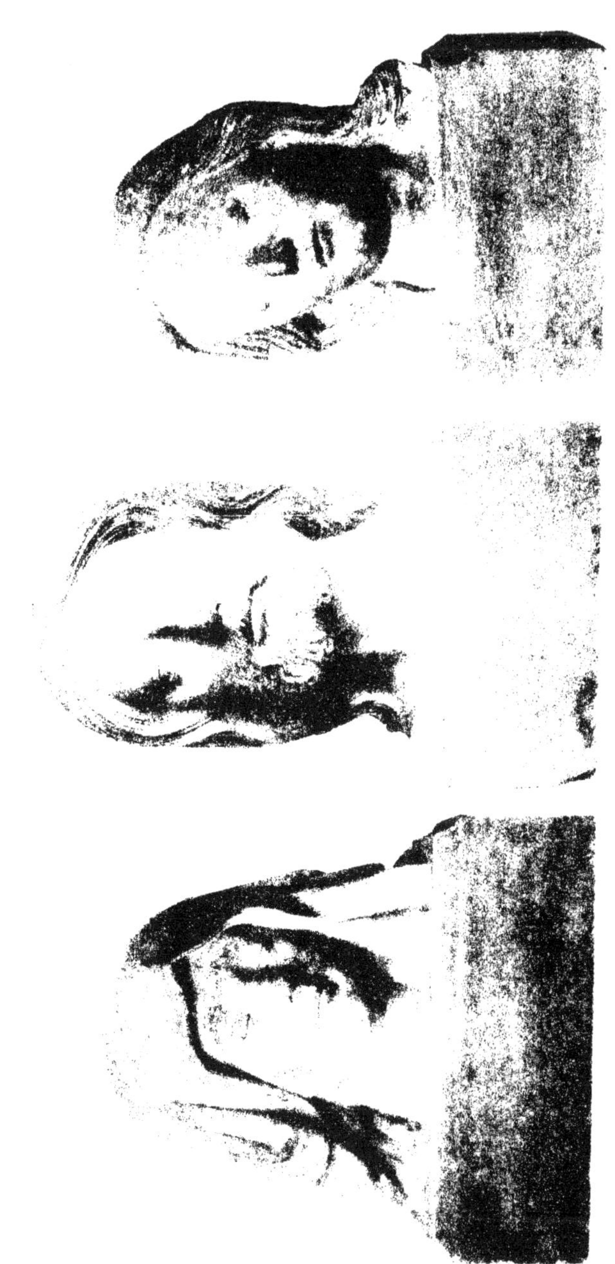

PIERRES, MARBRES, TERRES CUITES

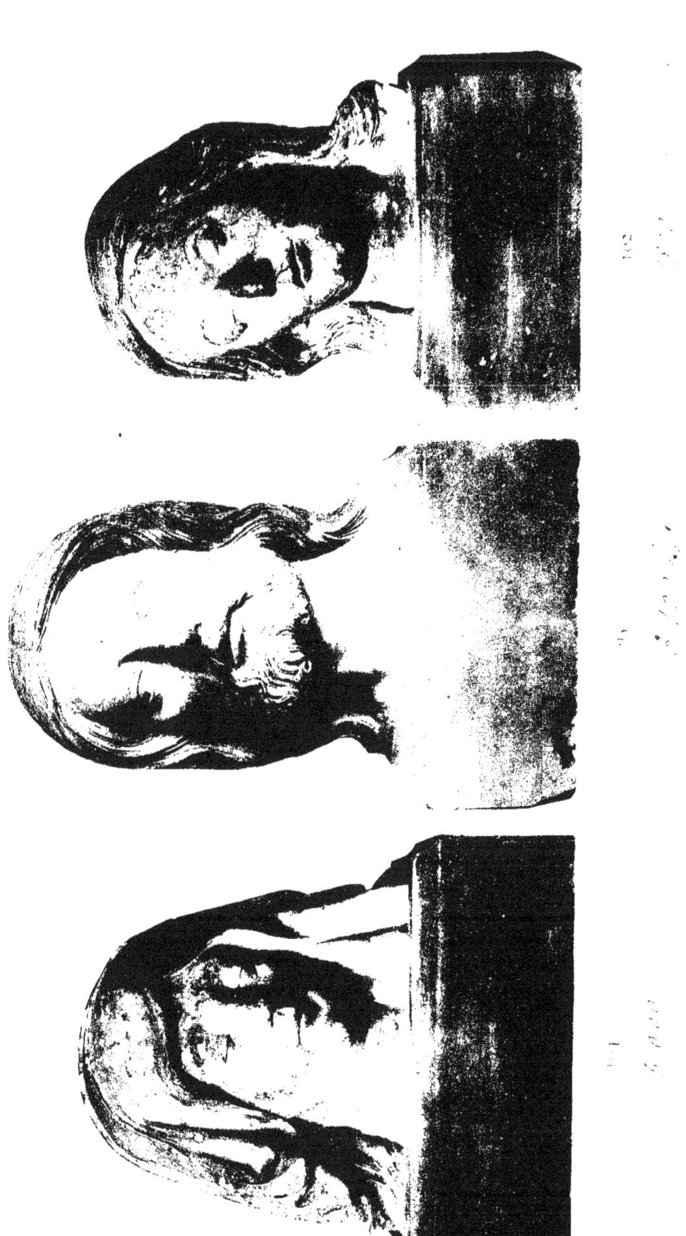

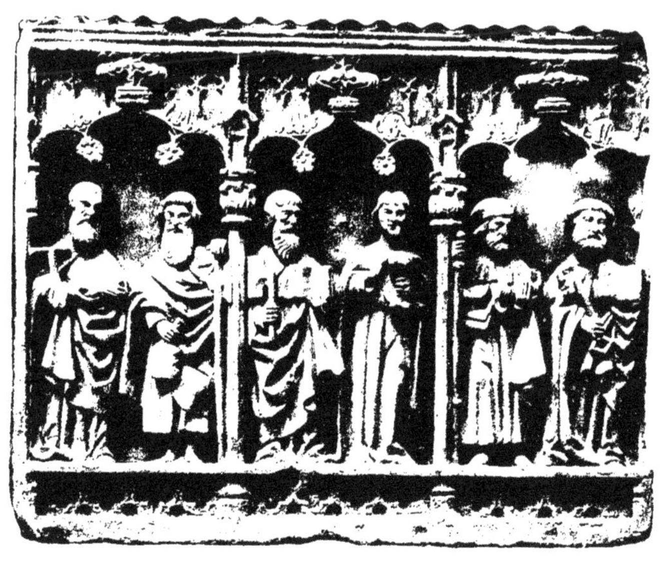

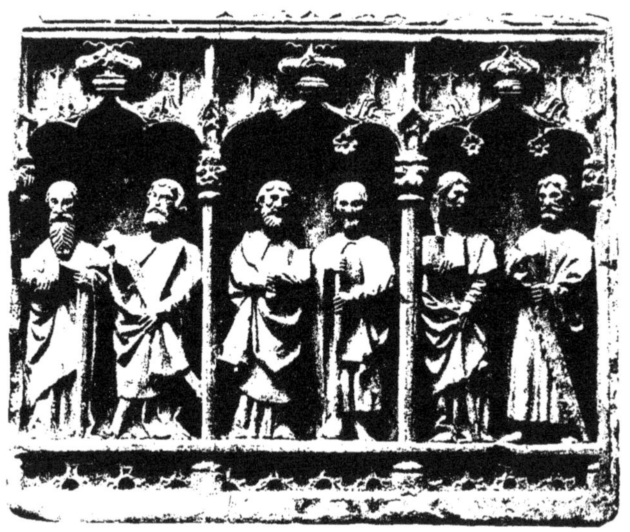

101

Berthaud Paris

97 — **Groupe** en pierre sculptée avec traces de peinture : la Vierge debout portant l'Enfant Jésus. France, XIVe siècle.

98 — **Groupe** en pierre peinte : la Vierge assise sur un coffre gothique et tenant sur ses genoux l'Enfant Jésus. Champagne, XIVe siècle.

99 — **Statuette** en pierre. Évêque assis, tenant d'une main la crosse et bénissant de l'autre. France, XIVe siècle.

Haut., 84 cent.

100 — **Tête** en pierre sculptée, grandeur nature : le Christ portant les cheveux longs. France, commencement du XVe siècle.

101 — **Deux hauts reliefs** en pierre sculptée, présentant les douze apôtres debout et groupés deux par deux sous des arcades gothiques. France, XVe siècle.

Haut., 63 cent.; larg., 78 cent.

102 — **Tête**, grandeur nature, en pierre sculptée : Sainte Madeleine, la tête inclinée. France, XVe siècle.

103 — **Statuette** en pierre sculptée et peinte : Saint Vincent debout, tenant un livre et un tonnelet. France, XVe siècle.

104 — **Tête** en pierre sculptée, grandeur nature : la Vierge ; un voile lui tient lieu de coiffure. France, XVe siècle.

105 — **Statuette-applique** en pierre sculptée : Pleureur. XVe siècle.

106 — **Tête** de Christ, grandeur nature, en pierre sculptée. XVe siècle.

107 — **Tête** de saint Jean-Baptiste en pierre sculptée. France, XVe siècle.

108 — **Tête** en pierre sculptée, grandeur nature : le Christ mort. France, XVe siècle.

109 — TÊTE en pierre sculptée, grandeur nature : Saint Jean. France, xvᵉ siècle.

110 — GROUPE en pierre sculptée : la Vierge debout couronnée et portant l'Enfant Jésus. France, xvᵉ siècle.

Haut., 1 m. 15 cent.

111 — BUSTE, petite nature, en pierre peinte, représentant le roi David. Bourgogne, xvᵉ siècle.

112 — HAUT RELIEF en pierre sculptée, présentant le Christ crucifié, l'évanouissement de la Vierge, saint Jean et d'autres personnages ; le tout disposé sous une arcade gothique. Fragments de verre bleu dans le fond. xvᵉ siècle.

Haut., 72 cent.; larg., 58 cent.

113 — GROUPE en pierre sculptée : la Vierge portant l'Enfant Jésus qui tient une colombe. Fin du xvᵉ siècle

Haut., 75 cent.

114 — PETIT CHIEN en pierre sculptée. Epoque gothique.

115 — GROUPE en pierre sculptée : la Vierge debout portant l'Enfant Jésus à qui elle tend une poire. France, commencement du xviᵉ siècle.

116 — GROUPE en pierre sculptée : la Vierge debout portant l'Enfant Jésus qui tient un livre ouvert. France, xviᵉ siècle.

117 — FRAGMENT en pierre sculptée : Tête de personnage barbu. France, xviᵉ siècle.

118 — STATUETTE en pierre sculptée : Evêque debout bénissant. Bourgogne, xviᵉ siècle.

119 — MÉDAILLON en marbre sculpté : Oiseau de proie liant un lièvre. Venise, xiiᵉ siècle

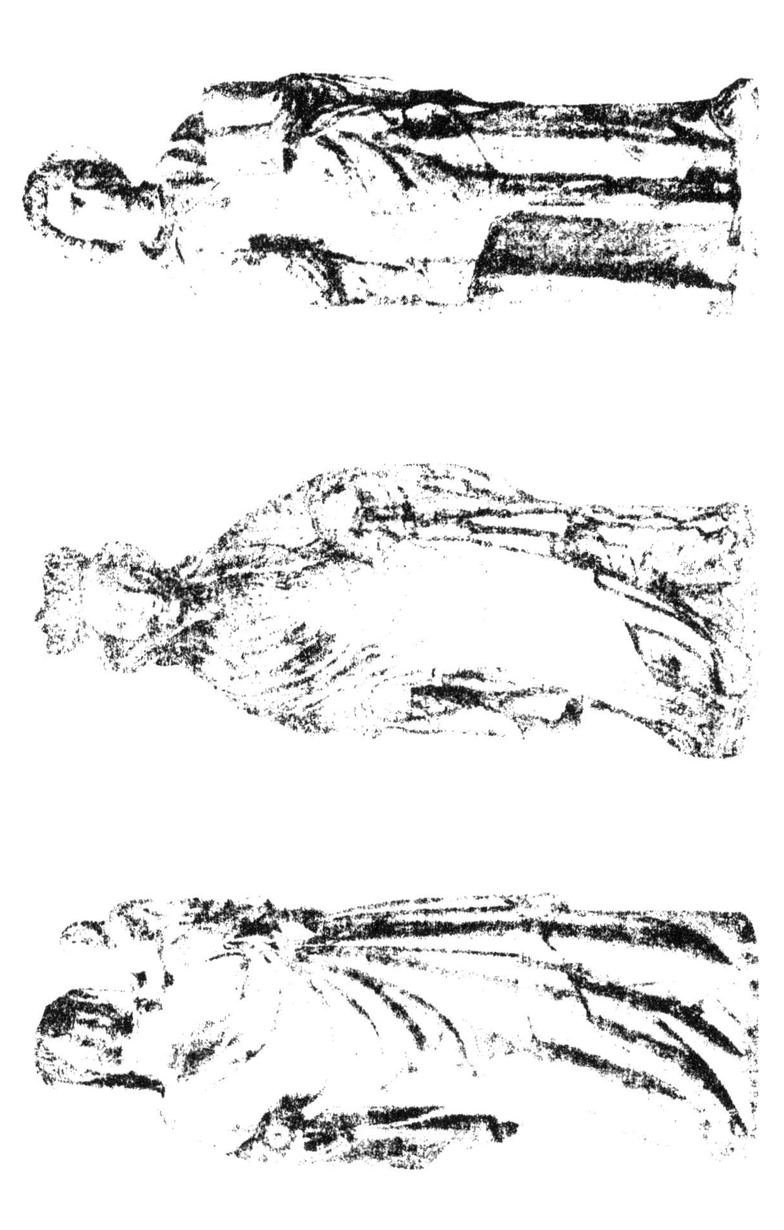

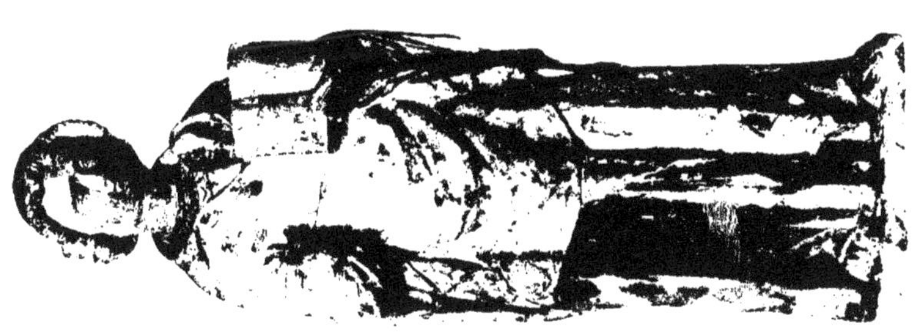

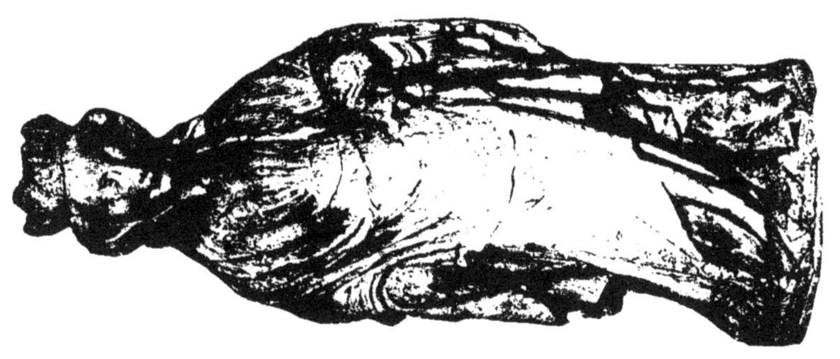

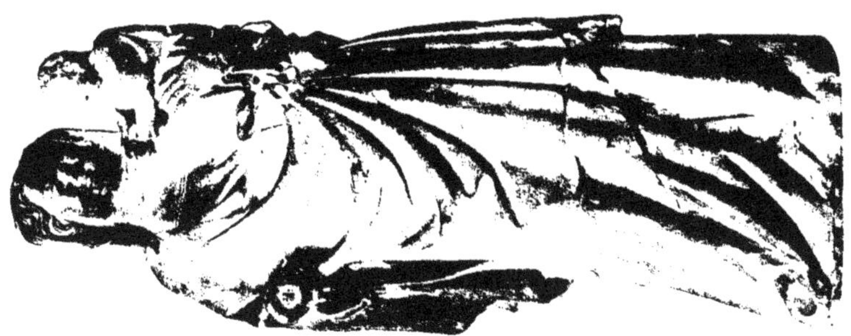

120 — Statuette-applique en marbre blanc : la Vierge debout. Epoque gothique.

121 — Deux petits mascarons de chérubins en marbre blanc. France, xvie siècle.

122 — Buste de Sénèque en marbre blanc, grandeur nature. D'après l'antique.

123 — Statuette en albâtre : la Vierge debout. Allemagne, xve siècle.

124 — Bas-relief en albâtre : la Pieta. xvie siècle. Encadrement de bois doré à colonnettes.

125 — Bas-relief en terre cuite : le Portement de croix ; composition de nombreux personnages. xve siècle.

126 — Statuette en terre cuite peinte : Sainte Thérèse. Espagne, xvie siècle.

127 — Buste en terre cuite peinte : Mater Dolorosa. Attribué à Gregorio Hernandez. Espagne, xvie siècle.

128 — Buste de Christ, grandeur nature, en staf peint. Espagne, xvie siècle.

OBJETS VARIÉS

129 — PLAQUETTE en bronze doré : la Vierge, l'Enfant Jésus et les anges. Allemagne, XVIe siècle. Cadre en écaille.

130 — CROIX PROCESSIONNELLE en cuivre, enrichie de petits émaux. XVIe siècle.

131 — PETIT GROUPE en dinanderie : la Vierge et l'Enfant Jésus. XVIe siècle.

132 — FIGURINE en bronze : Sainte Madeleine. XVIe siècle.

133 — BAS-RELIEF en cuivre repoussé : la Vierge de gloire. Flandres, fin du XVe siècle.

134 — PETIT SEAU à eau bénite en ancienne dinanderie.

135 — STATUETTE d'Enfant Jésus, nu, debout, en plomb peint. Italie, XVIe siècle.

136 — BANDE brodée à sujet saint, provenant d'un chasuble. XVIe siècle.

137 — COFFRET en fer à couvercle bombé. Epoque gothique.

138 — COFFRET en cuir noir et fer. Epoque Louis XII.

139 — STATUETTE d'enfant en terre vernissée d'Alcora. Espagne, XVIIe siècle.

110 — Statuette d'ange en bronze, du temps de Louis XV.

111 — Dais processionnel en bois sculpté et doré, du temps de Louis XIV.

112 — Glace, dans un cadre en bois sculpté et doré. Sur le fronton : le Renard et la Cigogne. Epoque Louis XIV.

113 — Lit Louis XV en bois sculpté, peint et doré, à rocailles et feuillages.

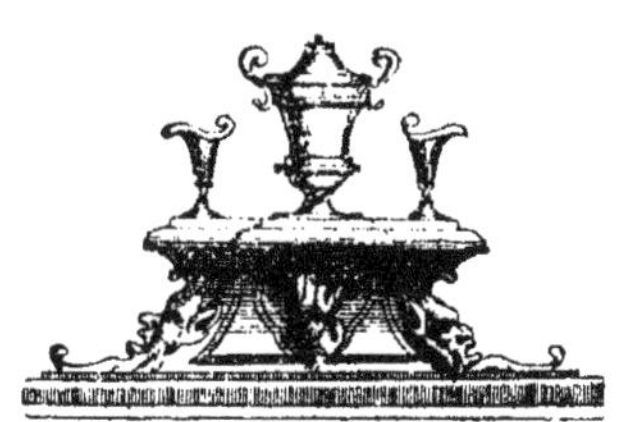

www.ingramcontent.com/pod-product-compliance
Ingram Content Group UK Ltd.
Pitfield, Milton Keynes, MK11 3LW, UK
UKHW021931190726
13853UKWH00002B/987

9 782329 614601